Ibrahima Abdoulaye

SAMBA DJEM ERDI

Ibrahima Abdoulaye

SAMBA DJEM ERDI

Les contes de Mahamane Tindirma

Éditions Muse

Imprint

Cover image: www.ingimage.com

Publisher:
Éditions Muse
is a trademark of
Dodo Books Indian Ocean Ltd., member of the OmniScriptum S.R.L Publishing group
str. A.Russo 15, of. 61, Chisinau-2068, Republic of Moldova Europe
Printed at: see last page
ISBN: 978-620-3-86577-6

➤ **Sommaire**

Dans ce récit, Mahamane Tindirma nous raconte l'histoire de Samba Djem Erdi, Boolo Oolé et Feto Oolé. Une histoire d'un jeune homme, d'une jeune fille et d'une mare qui avait eu lieu et fut racontée par beaucoup de chroniqueurs. Samba Djem Erdi était un jeune garçon peulh très admirable. Boolo Oolé était une superbe jeune fille peulh d'une beauté sublime et incomparable dans toute leur contrée. Ce prénom, Boolo Oolé, que son père lui avait donné était le nom d'une mare dans la région de Telemsi que s'étaient appropriée trois cent campements touaregs et qui s'appelait Feto Oolé. L'accès à l'étang était strictement interdit à tout être vivant : hommes ou bêtes sauvages. Cinq cent hommes au nord et cinq cent hommes au sud assuraient chaque jour la garde de la source, tous armés de fusils et de lances. Même les oiseaux n'oseraient se poser sur l'étang pour s'abreuver. Ce fut donc le nom de cette mare irréprochable que le père de Boolo lui avait expressément donné pour défier tout jeune peulh prétendant se marier à sa fille d'aller d'abord abreuver son troupeau à Feto Oolé comme unique et seule dote de mariage, sinon il ne saurait être que son frère. Beaucoup de jeunes candidats s'étaient présenté, mais, entre la beauté sublime de Boolo et le danger mortel d'approcher la lagune des touaregs, ils avaient choisi tout raisonnablement de se retirer de cette compétition trop risquée. Qui se ressemblent s'assemblent. Grâce aux bons offices du griot de la jeune fille, Samba Djem Erdi fit la connaissance de Boolo qui tomba vite amoureuse de ce garçon prodigieux que le chef des djinns, Amiirou-Waala-Waala, avait adopté comme son propre enfant et s'occupait personnellement de sa protection. Mais, elle lui fit comprendre qu'elle ne coucherait qu'avec le mari qui abreuverait son troupeau à Feto Oolé. A cœur vaillant, rien d'impossible. Samba Djem Erdi accepta la condition, et, ensemble avec Boolo et sa servante, avait entrepris le périlleux voyage à Feto Oolé pour aller braver tout seul l'interdit des puissants touaregs. Après d'intenses combats, et avec l'aide de son génie protecteur, Amiirou-Waala-Waala, en fin Samba mit fin au cauchemar de Feto Oolé, permettant ainsi l'accès à l'eau de l'étang à tous les êtres vivants des abords voisins. Le jeune 'poullo' avait ainsi tenu la parole donnée, une valeur très chère aux nobles peulhs qui préfèrent la mort à l'humiliation. Et la belle Boolo fut comblée de voir son rêve se réaliser.

Dr Ibrahima ABDOULAYE, Enseignant-Chercheur au DER-Anglais, FLSL/ULSHB.

Nous vous racontons ici une histoire qui avait eu lieu dans le Telemsi et qui fut racontée par beaucoup de chroniqueurs. Mais, avant de commencer l'histoire, je voudrais vous rappeler quelques petites paraboles inscrites dans les livres des anciens, quand bien même je ne suis pas lettré, n'ayant pas été à aucune école :

« L'on peut dire qu'on **n'**a pas son pareil au sein de sa famille, mais dire qu'on **n'**a pas son pareil dans le monde entier est un verbiage nul et non avenu.»

«En vérité, Dieu créa trois choses antinomiques qui demeurent toujours opposées l'une à l'autre comme des coépouses. Au vrai sens du terme, les coépouses sont des femmes qu'un seul homme épouse, et on dit que cet homme est polygame. Mais dans notre observation, nous disons que cet homme ne fait qu'assembler des dames dans une même demeure. Les coépouses en réalité sont seulement trois choses. Depuis que Dieu les a créées, elles ne s'aiment pas, mais sont toujours ensemble.

La santé et la maladie furent les premières dans ce monde à s'opposer comme des coépouses. La santé n'aime pas la maladie. La santé œuvre toujours à trouver des remèdes aux maladies. Mais, partout où se trouve la santé, la maladie y demeure. Ces deux choses irréconciliables sont comme des coépouses qui ne s'aiment pas.

Ensuite, la richesse et la pauvreté s'opposèrent l'une contre l'autre comme des coépouses. Le riche n'aime pas le pauvre. Mais, les pauvres demeurent partout où se trouvent les riches. Ces deux choses inconciliables sont comme des coépouses qui ne s'aiment pas.

La vie et la mort furent également en concurrence comme des coépouses. Le vivant n'aime pas la mort. Mais, la mort demeure partout où se trouve la vie. Ces deux choses antithétiques sont aussi comme des coépouses qui ne s'aiment pas. Certes, toute âme qui vit goutera la mort.»

C'est sur cela que nous commençons à vous raconter le récit de Samba Djem Erdi, Boolo Oolé et Feto Oolé. Une histoire d'un jeune homme et d'une jeune fille. Samba Djem Erdi était un jeune garçon peulh très admirable. Boolo Oolé aussi était une jeune fille peulh d'une beauté extraordinaire. Mais, ces deux jeunes gens ne résidaient pas dans le même village.

➢

Boolo Oolé était donc une très belle fille qui n'avait pas d'égale dans son village natal et dans toute leur contrée. Le prénom que son père lui avait donné était le nom d'une mare dans la région de Telemsi qui appartenait aux touaregs et qui s'appelait Feto Oolé. L'étang ravitaillait en eau douce un groupement de trois cent campements touaregs qui étaient tous dirigés par un seul Amenokal[1]. Aucun être vivant, hommes ou bêtes sauvages, ne s'avisait d'approcher cette source d'eau pour apaiser leur soif. Seuls les touaregs s'y ravitaillaient. La mare était gardée chaque jour par cinq cent hommes au nord et cinq cent hommes au sud. Même les oiseaux ne pouvaient pas se poser sur l'étang pour s'abreuver. Tout animal ou oiseau qui s'avisait d'approcher la source était vite abattu par des coups de fusil.

Ce fut donc le nom de cette mare irréprochable que le père de Boolo lui avait expressément donné. Et il avait déclaré que, de son vivant ou après sa mort, tout jeune peulh prétendant se marier à Boolo devrait d'abord abreuver son troupeau à Feto Oolé, sinon il ne saurait être que son frère. Le père de Boolo lui-même qui avait tenu cette déclaration ne pouvait pas aller à Feto Oolé abreuver son troupeau. Il avait fait cette déclaration présomptueuse pour se vanter d'avoir la plus belle fille du monde.

Boolo grandissait, depuis que ses seins étaient 'moule-hekkaaré', c'est-à-dire les seins qui commençaient à se pointer tout droit dans la poitrine d'une jeune fille, jusqu'au moment où ils devinrent 'moule-gala-goula', ceux qui commençaient à s'incliner un peu.

«'Moule-hekkaaré' est l'état de croissance des seins d'une jeune fille qui repoussent les doigts à chaque fois que quelqu'un essaye de les toucher. Après cet état de croissance, les seins deviennent des 'moule-tonté', c'est-à-dire ceux que l'on peut serrer par les deux mains. L'étape suivante s'appelle 'moule-gala-goula', c'est-à-dire les seins qui commencent à s'incliner. Et enfin, la dernière phase d'évolution des seins s'appelle 'moule-djaba', c'est-àdire les seins qui ressemblent à deux paires de chaussettes vides. A ce stade-là, même si l'on utilise plusieurs dizaines de soutien-gorge, on ne fait que donner une fausse apparence pour ranger ses vieux morceaux de viande obsolètes.»

Dans son jeune âge, Boolo avait toutes les caractéristiques d'une belle femme.

«Une belle femme a dans son corps trois parties qui sont noires, trois parties qui sont blanches, trois parties qui sont minces et trois parties qui sont grosses. Les trois parties noires

[1] Chef de tribu des touaregs en langue tamacheque

sont les cheveux, les yeux et les lèvres. Les trois parties blanches sont les dents, les ongles des doigts et les ongles des pieds. Les trois parties minces sont le cou, les poignets des mains et les pieds, car ce là qu'elle porte les colliers et les bracelets. Les trois grosses parties sont les seins, les cuisses et le séant. Voilà les critères de beauté chez la femme.»

Le père de Boolo lui fit construire une maison à elle seule dont la porte faisait face à l'entrée principale de la grande demeure. Ainsi, il pouvait avoir un œil sur toutes les visites qu'elle allait recevoir.

Quand Boolo devint pubère, tout jeune prétendant qui venait demander sa main, s'il apprenait que la dote de mariage était Feto Oolé, ce dernier partait, et ne revenait plus jamais, car Feto Oolé était un lieu extrêmement dangereux.

Chaque soir, quand Boolo finit de dîner, elle prenait sa lampe et son panier contenant du coton, puis alla s'assoir devant sa porte pour filer le coton. Boolo était vraiment une très belle créature dont la longue chevelure tombait sur les épaules. Elle ne portait toujours qu'un seul pagne. Et quand on lui demandait de porter des vêtements, elle répondait toujours que c'était pour se faire belle que l'on portait des vêtements, et qu'elle n'avait pas encore vu son égale, alors qu'allait-elle faire des habits.

Quatre-vingt gardes de corps surveillaient l'entrée principale de la demeure du père de Boolo. Ils avaient comme consigne de ne laisser personne entrer sans motif. Et personne ne pouvait entrer dans la demeure sans leur consentement.

Il y avait un jeune griot qui habitait dans leur demeure et qui était le griot de la famille. Un jour, ce dernier causait avec Boolo et lui dit :

- Dis-moi donc, toi-là, quelle est réellement la raison pour laquelle tu refuses de porter des vêtements ?
- Tant que je ne vois pas sur cette terre une autre personne qui est plus belle que moi, je ne porterai pas d'habits !

  Je te le jure, Boolo, j'ai entendu parler d'un jeune garçon peulh qui s'appelle Samba Djem Erdi, le jour où tu le verras, tu porteras des habits que tu n'enlèveras que le jour de ta mort!
- Kooni !
- Wallaahi !

-
- Je ne crois pas à ce que tu dis, car je ne pense pas que Dieu ait crée une autre personne au monde plus belle que moi Boolo Oolé! Mais, je t'offre douze grammes d'or, et que personne ne soit au courant de notre affaire ! Tu vas à la recherche de ce Samba Djem Erdi dans leur village. Si tu le retrouves, tu essayes de le convaincre de venir ici avec toi pour que je voie de mes propres yeux s'il est vraiment plus beau que moi. Si tu ne parviens pas à le convaincre de venir, tu viendras alors me le décrire. Si réellement il est plus beau que moi, j'irai le chercher moi-même!

Le griot alla se coucher. Le lendemain à l'aube, il sella son cheval et prit la direction du village de Samba Djem Erdi. Depuis le matin qu'il était en route, ce fut vers le petit soir qu'il arriva dans le village de Samba Djem Erdi.

A l'entrée du village, le griot croisa un vieillard et lui demanda :

- Grand-père, pouvez-vous m'indiquer la maison de Samba Djem Erdi ? C'est un ami à moi, je voudrais me rendre chez eux, mais je ne sais pas exactement où se trouve leur demeure.
- Hekkaye ! Fais attention ! Si jamais son père apprend que tu es entré dans ce village pour voir Samba Djem Erdi, tu n'y passeras pas la nuit. Depuis que Dieu a mis Samba Djem Erdi au monde, nous aussi, nous entendons seulement parler de son nom tout comme vous. Son père n'accepte pas qu'on le voit. Car, il croit que c'est pour le tuer que les gens veulent le voir. Ce que je te conseille, c'est d'aller dans ce buisson làbas, c'est là que Samba mène leur troupeau au pâturage. Si Samba accepte ton amitié, tu pourras ainsi entrer dans leur demeure avec lui.

Le griot fit demi-tour et se dirigea vers le buisson. Là, il croisa un berger peulh de petite taille et le demanda :

- Est-ce ceux-ci les bestiaux que Samba Djem Erdi mène au pâturage ?
- Hekkaye ! Attend que je t'explique! Samba Djem Erdi n'est pas une personne ordinaire. A cause de sa beauté extraordinaire, son père le réveille tôt le matin pour mener les bestiaux au pâturage sans que personne ne puisse le voir. Le soir, il le rencontre très loin derrière le village pour récupérer les bestiaux et les faire entrer luimême.

Le bout d'homme continua :

- C'est à cause de la beauté de Samba Djem Erdi que le chef des djinns, Amiirou-Waala-Waala, a adopté ce garçon comme son propre enfant et s'occupe personnellement de sa protection. Quand quelqu'un veut voir Samba, le djinn le sait au préalable et rend Samba invisible à ce dernier en le transposant dans le ventre d'une vache. La vache peut continuer à brouter, elle peut s'abreuver si elle a soif, elle peut aussi ruminer avec Samba dans ses entrailles qui peut te voir, mais toi, tu ne peux pas le voir. Donc, gare à toi! Samba n'est pas une personne ordinaire. Tu es un griot, alors, dès que tu entres au sein des bestiaux de Samba, tu prends ta petite guitare, tu joues du 'Baoundi'[2] ou du 'Saygalaaré'[3] ou tout ce que tu veux. Ainsi, si Samba veut te parler, il se manifestera à toi. Je crois que c'est la seule façon de voir Samba.

Le griot alla donc vers le troupeau de Samba. Arrivé, il descendit de son cheval, et s'assit. Ensuite, il prit sa guitare et se mit à jouer de la musique. La tête baissée, il continuait toujours à jouer. Soudain, Samba surgit derrière lui et lui dit :

- Bambagal[4], sois le bienvenu! Mi oni Samba Djem Erdi[5]! Mi djaati oni Samba Djem Erdi! (C'est bien moi Samba Djem Erdi !)

Le griot souleva sa tête et dès que leurs regards se croisèrent, l'éclat du beau visage de Samba **lui** le fit larmoyer. Samba lui dit :

Bambagal, je sais que tu es venu ici chercher quelque chose. Tu as entendu parler de mon nom. Et bien, c'est moi Samba Djem Erdi. Alors, je t'offre cent jeunes vaches qui sont toutes en gestation, douze zébus et douze taureaux de dix ans.

Le griot lui dit :

- Merci beaucoup, Dicko ! Quelque soit la valeur de ce qu'une personne peut offrir, en retour, le bénéficiaire ne peut le récompenser que par le mot 'merci'. Donc, Dicko, je te remercie infiniment pour cette générosité. Un peulh qui ose offrir à quelqu'un une seule vache, lui a suffisamment tout donné. Et les peulhs chez qui j'ai été élevé m'ont tout donné aussi. Alors, c'est un grand honneur que tu me fais là ! Mais, jusque là, tu

[2] Musique peulh du Mali.
[3] Musique peulh du mali.
[4] Griot en langue Fulfulde.
[5] C'est moi Samba Djom Erdi.

➢

ne m'as pas encore donné ce que je suis venu chercher. ➢ Qu'est-ce que tu es venu chercher donc ?

«Le griotisme est une vieille tradition dans nos sociétés pratiqué par deux grandes familles de castes dans le septentrion de notre pays, à savoir les maabos et les garaassas. Le premier mot est d'origine peulh et veut dire tout seulement 'tisserand'. Le deuxième mot est un terme songhay désignant un forgeron. Le tissage est un vieux métier qui avait servi à habiller l'humanité tout en entier. Aussi, c'est grâce au métier du forgeron que le fer fut produit et qui avait servi plus tard, avec l'avènement de l'islam, à pratiquer la circoncision, premier acte de purification du musulmane. Donc, les maabos et les garaassas sont d'une très grande utilité dans nos sociétés.»

Le griot lui répondit :

➢ C'est l'amitié que je suis venu chercher avec toi. Je veux que tu acceptes mon amitié et que je rentre avec toi dans votre demeure en tant que ton ami. Je veux aussi que demain, nous puissions ensemble partir chez moi en tant qu'amis pour que tu puisses voir ma famille. Je veux être ton griot, et toi mon peulh, voilà ce que je suis venu chercher. Tout ce que l'on peut offrir à quelqu'un comme bien matériel peut finir un jour. Mais quand on offre l'amitié à quelqu'un, cela est éternel et inoubliable. La richesse d'un homme n'est pas la possession de biens matériels, mais plutôt le nombre et la qualité des personnes qui sont comptées parmi ses relations et ses amis, car le

bien matériel finira un jour, mais les relations et les amis sont toujours sources d'espoir. Un homme qui n'a pas d'amis et de relations est un être unique au monde.

Le griot continua :

➢ On dit aussi que dans ce monde, tout ce que nous possédons comme richesses ou terres aujourd'hui, ce sont des hommes qui les ont léguées après leur mort. Donc, le bien matériel est une chose commune qui peut changer de propriétaire d'un jour à l'autre.

Samba lui dit :

➢ Bambagal, ce que nous sommes en train de dire tout de suite ici, si c'était dans notre demeure que nous l'avions dit, nous allions regretter de le dire, car mon père allait nous congédier tous les deux de la maison. Depuis que je suis né, je n'ai jamais tenu une conversation avec qui que ce soit. Tu es la première personne avec qui j'ai eu contact en dehors de ma famille. Tu es vraiment un griot louable et j'apprécie très hautement ton courage, car tu as osé braver tous les interdits de mon père pour venir me voir, moi qui n'ai jamais eu d'amis dans ce monde. J'en suis vraiment comblé!

- Samba Djem Erdi, à ton âge, aujourd'hui, si tu ne peux pas avoir un ami parce que ton père ne l'accepte pas, alors garde les vaches et les taureaux que tu veux m'offrir et ta noblesse aussi. Je ne suis pas venu pour cela.

Cela dit, le griot se tint debout et se dirigea vers sa monture. Au où moment il se baissa pour délier les pattes de son cheval, Samba Djem Erdi le saisit et lui dit :

- Bambagal, j'accepte par ce que tu es venu chercher. J'accepte ton amitié! Et je te donne ma parole jusqu'à ma mort, je ne renoncerai pas à ton amitié!

Samba et le griot firent route ensemble en direction de leur maison. En les voyant entrer dans la maison, son père se tint debout et lui dit :

- Eh ! Samba Djem Erdi, as-tu reçu un étranger aujourd'hui ?

  Non, c'est plutôt un ami que j'ai trouvé!
- Qu'il soit le bienvenu!

Ce fut le père de Samba lui-même qui prit la monture du griot et l'amena s'abreuver. Ensuite, il l'attacha et lui donna de l'herbe à brouter. Puis il dit :

- Sois le bienvenu, mon fils !

Puis, il s'adressa à son fils :

- Samba, lui **l'**as-tu offert un cadeau de bienvenue ?
- Si. Je lui ai offert cent vingt têtes de bovins.
- Eh ! Samba, c'est peu! Depuis que tu es né, tu n'as jamais eu d'ami que celui-ci, voyons si on peut lui ajouter encore d'autres têtes !

Samba lui répondit :

- Eh, père ! Ce n'est pas du bétail que celui-là est venu chercher!
- Alors, qu'est-ce qu'il est venu chercher ?

-
- Ce jeune griot n'est venu chercher rien d'autre que de l'amitié avec moi. Il veut que nous soyons des amis. Et il demande aussi que demain, nous partions ensemble voir leur famille afin de sceller l'amitié entre nous deux pour qu'il devienne mon griot, et moi son peulh!

Le vieux s'irrita soudain et dit :

- Aï-yo ! Voilà comment les gens font pour te retrouver afin de te tuer ! S'il ne sort pas de ma maison tout de suite, je vais le transpercer par ma lance !

Le vieux se précipita dans sa case, et prit sa lance. Il ressortit et demanda de faire descendre la sacoche du griot et de la lui donner, et de retirer l'herbe devant son cheval. Toute la maison s'affola. Le vieux peulh était décidé à percer le griot imprudent. Aussitôt, d'un bond, le griot alla s'arrêter à la porte pour attendre son cheval. Et tout le monde criait au secours :

- Wa faaba! Wa faaba![6]
- Wallé kam! Wallé kam![6]
- Sakké ! Sakké ![6]

Le pauvre griot, de la porte de la maison, il se retrouva dans la rue, seul sans son cheval qui était encore à l'intérieur. Le géronte était tout irrité, il tremblait, la lance dans la main. Samba Djem Erdi le regardait fixement.

«A celui qui dit que la vie n'est pas agréable, qu'on lui donne le prix de transport pour l'au-delà : sept mètres d'étoffe blanche, un seau d'eau et une pioche. Ensuite qu'on lui montre le chemin qui mène aux cimetières.»

«Parmi toutes les plaintes et litiges auxquels nous assistons dans les commissariats et palais de justice à propos des terres, aucun n'a jamais concerné les cimetières. On n'a jamais assisté à une plainte du genre 'non, tu ne seras pas enterré ici, c'est ma tombe, c'est moi qui **y** serai enterré ici!', cette contestation n'a pas eu lieu encore. Ou, que quelqu'un, après avoir réservé une place au cimetière, vienne se plaindre qu'on a enterré une autre personne à la place qu'il a réservée. Alors, qui dit que la vie n'est pas agréable?»

«La vie est vraiment agréable, mais les conditions de vie de l'individu peuvent ne pas être toujours favorables».

Samba dit aux gens de ne pas retenir son père. Ensuite, il lui dit:

- Abba, depuis que je suis né, c'est aujourd'hui le premier jour où un griot entre dans notre maison à cause de moi. Alors, si ce griot ne reste pas dans cette maison ce soir, demain, si j'amène ton troupeau au pâturage, le soir ne tarde pas à venir le chercher, car je ne retournerai plus dans cette maison, je me tuerai. Je le jure, père, que je sois le dernier des peulhs Dicko, Diallo, Sidibé ou Sankaré. Jamais, les peulhs ne vont me rappeler qu'un jour j'avais eu un griot étranger que mon père avait mis dehors. C'est après ma mort que l'on peut dire cela ! Je préfère la mort à cette humiliation!

Le vieux se ressaisit et dit :

Allaahou Akbar! Samba Djem Erdi, c'est vrai que tout ce que je peux faire pour te protéger, je ne pourrai pas t'aimer plus que toi-même. Mon souci est seulement que tu

[6] Au secours! Au secours!

> aies une longue vie pour m'être utile, car je suis déjà vieillissant. Alors, oublie tout ce que j'avais dit !

En fin, le vieux se calma et alla déposer la lance. Ce fut alors que le maabo[7] put entrer dans la maison pour tout le reste de la nuit.

«Quand on voit un étranger passer la nuit dans une maison hôte, la tête sous une couverture, c'est qu'il est dans un lieu sûr. S'il n'est pas dans un lieu sûr, la couverture ne se limite qu'à sa poitrine. Jamais, il n'ose se couvrir tout le visage. Ainsi, dès qu'il voit un danger venir, il pourra se tenir vite debout et se sauver.»

«Quand on dit aussi que 'j'ai sommeil' et que l'on ferme les yeux pour s'endormir, ce ne sont pas les yeux qui bénéficient du repos du sommeil, c'est plutôt l'esprit qui se repose. Car, celui qui n'a pas l'esprit tranquille ne peut pas s'endormir. Donc, quand on dit qu'on a sommeil, c'est parce qu'on a l'esprit tranquille. L'esprit qui n'est pas tranquille ne fermera jamais les yeux.»

On pouvait deviner donc comment ce maabo avait passé la nuit chez ses hôtes.

Le lendemain, Samba Djem Erdi et le griot déjeunèrent ensemble. Samba alla seller son cheval. Il prit son épée magique que son djinn Amiirou-Waala-Waala lui avait offerte. Quand il dégainait l'arme, elle émettait des étincèles en sortant de sa gaine. L'épée était longue de quatre coudées[8].

Ainsi, Samba et son nouvel ami partirent pour le village de ce dernier. Depuis le matin qu'ils étaient en train de partir, c'était au moment où le soleil fut au zénith que le griot décida de lui dire la raison pour laquelle il était venu le chercher :

> Samba Djem Erdi, as-tu jamais entendu parler d'une jeune fille peulh du nom de Boolo Oolé ?

> Wallaahi, j'entends les gens parler de ce nom-là.

> Alors, c'est dans la famille de Boolo Oolé que j'ai été élevé. Ils m'ont adopté comme leur propre enfant depuis que j'étais tout petit et c'est là que j'ai grandi. La raison pour laquelle je suis venu te chercher est que Boolo Oolé est une superbe jeune fille

---

[7] Griot en langue Fulfulde.

[8] Unité de mesure de longueur. Une coudée est égale à un demi-mètre.

très belle qui n'a pas de pareille dans toute notre contrée, et toi aussi tu es un jeune garçon très élégant et admirable qui n'a pas de semblable dans toute votre contrée. Vous vous ressemblez beaucoup ! Et qui se ressemblent s'assemblent. Ça me fera énormément plaisir de vous voir ensemble, car vous ferez un couple parfait et moi je serai votre griot. Le rôle d'un griot de famille est de chercher un compagnon parfait et digne à son ami ou amie. C'est dans l'initiative de créer des unions sacrées entre les individus que le griot réussit sa mission de sociabilisassions dans sa communauté. Et c'est lui qui tirera le plus de profit quand ces genres de missions réussissent.

«Nous, Mahamane Tindirma, nous avons soigneusement observé les automobiles que l'on accuse à tord de tuer les gens le long des routes. Nous avons ouvert et fouillé l'intérieur de ces engins, mais nous n'avons rien trouvé qui puisse tuer quelqu'un. Donc, nous avons conclu alors que c'est le chauffeur lui-même qui tue les gens et non l'automobile. Car, si une automobile est immobilisée dans un lieu pendant deux semaines, elle ne bougera pas d'ellemême tant que quelqu'un ne la mette en marche. Alors, en cas d'accident, le meurtrier est uniquement celui qui conduit l'engin.»

Samba dit au griot :

- Bambagal, c'est vrai que les maabos sont des maîtres-trompeurs! Si tu m'avais mis au courant de cela avant de venir, j'allais me préparer en conséquence et mettre mes beaux vêtements. Mais, ce que je te demande et qui doit rester un secret entre toi et moi, est que tu vas tout seul dire à Boolo que tu m'as vu, mais je ne suis pas venu avec toi; je me porte bien et je la salue. Tu lui dis aussi que si Dieu veut que nous nous voyions, on va se voir. J'ai entendu que cent gardes de corps veillent devant la maison de Boolo chaque nuit. Mais, quand je serai devant la maison, même si c'est en pleine obscurité et tard dans la nuit, Boolo va me reconnaitre d'elle-même et elle va m'appeler par mon nom, elle ne va jamais demander qui je suis.

Ils entrèrent dans la famille du griot et descendirent de leurs montures. Après avoir installé Samba confortablement dans une case, le griot amena les chevaux s'abreuver, puis il vint accrocher à leurs cous des sacoches dans lesquelles il leur mit du grain. Ensuite, il alla chercher à manger pour Samba. Mais au préalable, il se rendit d'abord au domicile de Boolo.

Il vint trouver Boolo dans sa case et lui dit :

- Boolo, mi wari na ! Je suis de retour. ➢ N'as-tu pas rencontré de difficultés ?
- Dieu merci, je n'ai rencontré aucune difficulté ! ➢ A ii Samba na ? As-tu vu Samba ?

Le griot répondit :

- Oui, j'ai vu Samba. Samba Djem Erdi est la seule personne qui s'occupe d'un troupeau d'un très grand nombre de bestiaux. Cependant, il dit de te transmettre ses salutations très sympathiques.
- Alors, qu'est-ce que Dieu t'a permis de voir ?
- Ce que Dieu m'a permis de voir c'est ce que je suis venu te dire.
- Naam !
- Boolo, tu es vraiment belle, mais, oooh! Ce Samba est un beau garçon très admirable!

Boolo avait beau insister pour que le griot tranche en sa faveur, mais à chaque fois qu'elle insistait, ce dernier ne cessait de flatter et de complimenter la beauté extraordinaire du jeune homme. Finalement, elle comprit et se tut. Alors, le maabo prit congé d'elle et alla donner à manger à son illustre hôte.

La nuit, les gardes de corps de Boolo, après avoir dîné et trait leurs vaches, se retrouvèrent tous devant la maison de Boolo pour la veillée habituelle.

Boolo finit de dîner, elle prit sa lampe et son coton et s'assit dans la case pour filer le coton en faisant dos à ses gardiens.

«Seuls trois jeunes mâles solitaires se promènent dans la nuit à une heure tardive : un chien errant, un chat errant et un jeune homme célibataire errant. Le chien et le chat ne cherchent que le reste des aliments abandonnés par les humains. L'autre mâle errant, lui qui est plus intelligent, il sait ce qu'il cherche. Car, quand on voit un grand gaillard défoncer une porte ou sauter par-dessus un mur, ce n'est pas quand même pour chercher à manger les restes des aliments délaissés par les convives d'une maison. Il a ses raisons.»

Ce fut donc à ce moment tardif de la nuit que Samba se rendit au domicile de Boolo.

Arrivé là, il s'adressa gentiment à la centaine de gardes qui surveillaient l'entrée, entassés devant la porte comme un essaim de fourmis soldats gardant leur reine. Il leur dit :

- Veuillez m'excuser, j'ai une affaire à régler à l'intérieur de cette demeure!

Il dépassa les plus dociles parmi les gardes qui avaient vite compris qu'il n'était pas un humain ordinaire. Ensuite, il arriva chez les plus obstinés qui durcirent leurs muscles et lui dirent en chœur:

- Billa hallazi, tu ne passes pas !
- Vous ne me laissez pas passer?
- Abada, a djabba ta! Tu ne passeras jamais ici !
- Mi djabba ta ? Je ne passe pas, vous dites ?
- A djabba ta feou ! Tu ne passeras pas !

Alors, Samba prit on sabre et le dégaina d'un coup. L'arme, en sortant de sa gaine propulsait des étincèles qui jaillissaient sur les gardes. Et vite, ce fut le sauve-qui-peut :

- Malheur à nous ! Malheur à nous ! Malheur à nous !
- Mes yeux ! Aidez-moi ! Mes yeux !
- Mon boubou a pris feu ! Aidez-moi !

Samba remit le sabre dans sa gaine et passa sans plus rencontrer de résistance. Les gardes se dirent entre eux:

- Avez-vous vu ce qui s'est passé ce soir? Que Dieu damne ce garnement!

Samba entra dans la demeure et trouva Boolo seule assise sur sa natte. Il se mit entre la lampe et Boolo, puis s'assit et ôta la perruque qu'il portait. Ensuite, il dit :

- Boolo Oolé, salaamou aleykoum !

Dès que Boolo souleva la tête, et que leurs regards se croisèrent, elle se précipita pour se lever, mais trébucha et se mit à se trainer sur les genoux et les mains. Boolo essaya encore une fois de se lever, mais elle trébucha et de nouveau se mit à se trainer.

Boolo attrapa vite un vêtement et se couvrit de la tête aux pieds. Ensuite, elle rampa jusqu'à Samba et lui dit :

- Bi'ismillah, Diallo!

- Hé ! Qui t'a dit que c'est moi Samba ? ➢ Je le sais.

Ensuite, Samba lui dit :

- Boolo, j'ai entendu que tu es tellement belle que tu refuses de porter des habits, alors, pourquoi portes-tu des habits aujourd'hui ?
- Je ne sais pas !
- Boolo, j'ai aussi entendu que tu crois que tu n'as pas de pareille, alors, pourquoi es-tu en train de trembler ainsi?
- Je ne sais pas !

Tout ce que Samba demandait à Boolo, elle ne répondait que par 'je ne sais pas'. Le coup de foudre lui troubla subitement l'esprit. Elle devint toute vague devant cette confrontation entre beauté masculine et beauté féminine dans laquelle Samba semblait visiblement détenir la position de force. Pour rompre le silence, Samba dit encore :

- Boolo Oolé, je suis venu ici parce que j'ai entendu parler de ta beauté. Et je te trouve effectivement très belle. Je suis venu donc pour te demander en mariage. Si tu m'aimes, je voudrais que tu me le dises face à face entre toi et moi, avant d'impliquer nos parents respectifs. Et si je ne suis pas la personne que tu aimes épouser, alors oublie ce que je viens de dire et garde le entre toi, moi et Dieu. Voilà la raison de ma visite.
- Samba Djem Erdi !
- Naam !
- Je t'aime à tel point que quand tu t'en iras, je ne sais pas si je pourrais rester ici sans te suivre. Mais, j'avais juré que tout jeune peulh qui ne pourra pas abreuver son troupeau dans la lagune de Feto Oolé ne saurait être mon époux mais seulement mon frère. Et c'est cela la seule dote de mariage que mon père avait fixée.
- Hey ! Boolo ! Laisse tomber cette affaire de Feto Oolé. Ton grand-père et mon grandpère n'en avaient jamais parlé. Ton père et mon père n'oseront jamais en parler. Alors, parlons-en des bestiaux, ou de l'or, ou encore de l'argent, mais ne parlons pas de Feto Oolé. Ne sais-tu pas que Feto Oolé est une mare qui appartient à trois cent campements touaregs très puissants. Chaque jour la mare est surveillée par mille hommes armés jusqu'aux dents. Son accès est strictement interdit à toute

créature : hommes, bêtes et volailles. Donc, parlons-en de quelque chose dont on a les moyens et la capacité de faire.

- Et pourtant, c'est cela le prénom que mon père m'avait attribué.
- Alors, Boolo, j'accepte ta condition, mais avec un petit compromis. Je vais envoyer chez vous quelques têtes de bovins comme dote de mariage. Cependant, ce sera après ton déménagement dans notre famille comme mon épouse que nous irons tous les deux ensembles à Feto Oolé. D'accord ?
- Parfait !

Le lendemain, le griot accompagna Samba jusqu'à la sortie du village sans lui demander comment s'était passé son entretien avec Boolo. Samba ne lui avait rien dit non plus. Mais, le griot était certain qu'ils avaient convenu de quelque chose.

Samba Djem Erdi n'arriva dans son village qu'au petit soir. Quand il eut fini de dîner avec son père, il lui dit :

- Abba[9], j'ai vu quelqu'un que j'aime dans le village où je me suis rendu, et j'aimerais la prendre comme épouse. J'ai eu une discussion avec elle à propos de la dote de mariage, et nous avons convenu sur cent têtes de jeunes vaches en gestation, douze taureaux castrés et douze taurillons de dix ans non castrés.
- Samba, la valeur d'une femme est beaucoup plus que le montant de la dote que tu dépenses pour l'épouser. Car, Dieu créa la femme pour embellir la maison. Et pour embellir une maison, il faut beaucoup dépenser. Une maison sans femme est une maison sans meubles.

«Les mariages dont les fiançailles trainent ont pour cause principale le manque de ressources disponibles.»

Les personnes qui avaient amené la dote de Boolo avaient été chargées de célébrer tous les rituels du mariage. Ainsi, Boolo déménagea dans sa belle famille avec son esclave domestique du nom de Beldo Ooré.

Samba Djem Erdi passa les sept jours de noce avec Boolo sans que rien ne passa entre les deux. Ensuite, trois mois passèrent sans que le couple ne remplisse les devoirs conjugaux.

[9] Père en langue Fulfulde et en langue Songhay

Au début, Boolo se faisait accompagner la nuit pour rejoindre la case conjugale, mais par la suite, elle y allait d'elle-même toute seule. Elle passait ainsi toute la nuit à l'intérieur de la case toute seule. Samba dormait, tout seul, devant la porte de la case.

Une nuit alors, Boolo se leva au milieu de la nuit et rejoignit Samba dehors. Elle posa sa main doucement sur ce dernier afin de le réveiller sans éveiller les autres. Quand celui-là se réveilla, elle lui dit :

- Samba, si vraiment c'est pour le mariage que tu m'as épousée, alors montre-moi que je suis ta femme, et si c'est pour m'humilier, retourne-moi d'où tu m'as amenée! Ça fait combien de mois que je suis là?
- Trois mois. Mais, Boolo, as-tu oublié ton serment? As-tu aussi oublié la promesse que nous nous sommes faite dans la demeure de ton père de respecter l'accord de notre compromis ? Je te le jure Boolo, si nous ne nous rendions pas tous ensemble à Feto Oolé, même si je vais y mourir, nous n'allons jamais partager la même natte. Je ne renierai jamais le serment que j'ai tenu! Alors, tu feras mieux d'aller te coucher !

« Quand le lait se décompose, il devient aigre et déborde du vase qui le contient, puis se verse.» Avez-vous compris cette parabole ? Samba respectait jusque-là sa parole donnée; mais, elle, Boolo avait failli oublier son fameux projet de ne coucher qu'avec un mari qui pouvait braver l'interdit de Feto Oolé.

«L'être humain a trois traits caractéristiques dans son corps qui déterminent le bon ou le mauvais caractère d'un individu. Ces trois organes sont couverts de peau blanche, mais n'ont pas de poils. Il s'agit de la langue, la paume des mains et la plante des pieds. Toutes les bonnes réalisations d'un 'fils-d'Adam'[10] dans la quête du bonheur et du bien ont été possibles grâce à l'œuvre de ces trois organes. De même, tout mal ou malheur qu'un 'fils-d'Adam' peut causer dans ce monde sont possibles grâce à l'œuvre de ces mêmes trois organes. Soit il dit du bien ou du mal par sa langue, soit il fait du bien ou du mal à l'aide de ses mains, soit il est parti vers le bien ou vers le mal à l'aide de ses pieds.»

Le lendemain soir, au moment où Samba dînait avec son père, il lui dit :

Abba !

- Naam !

[10] Vocable pour designer l'être humain en Songhay et dans certaines langues africaines.

- Je voudrais, avec ta permission, prendre cent vaches qui allaitent parmi les bestiaux. Je voudrais aussi par ta permission amener mon épouse et sa domestique ainsi que trois taureaux de transport. Toujours avec ta permission, je voudrais me rendre à Feto Oolé demain pour y abreuver mon troupeau.

Le vieux déposa soudain dans la tasse la tartine qu'il avait soigneusement préparée pour la bouchée et dit :

Allaahou Akbar ! Avec tout ce que j'ai pu faire pour t'éduquer, tu ne penses même pas à mon état de vieillesse pour prendre soin de moi et de ta mère. Car, ce que tu viens de dire, toute personne qui le dit est d'une courte vie. Depuis que tu es né, tu n'as trouvé personne dans cette maison ou dans ce village qui avait pu tenir ce propos-là. Et toi aussi qui le dis, tu n'es qu'une personne de courte vie.

La nouvelle fit bouleverser tout le village. Certains disaient même qu'ils savaient que ce Samba n'allait pas vivre longtemps avec les signes qu'il était d'une beauté extraordinaire et qu'il épousa encore une fille d'une beauté sublime. Tout cela ne présageait guère de bons signes. Depuis que la nouvelle fut répandue dans le village, tous ceux qui étaient en train de dîner avaient perdu l'appétit. Leur demeure fut vite remplie de gens curieuses qui venaient déjà dire adieu à Samba.

- Adieu, Samba ! C'est l'ultime fois que nous te voyons, car celui qui dit ce que tu as dit est un homme déjà mort!
- Oh, Samba, ne fais pas cela, c'est trop dangereux !

Et Samba de répliquer aux gens :

- Pourtant, je vais y aller abreuver mon troupeau!

Le lendemain, Samba Djem Erdi se leva et entreprit de préparer les tentes qu'il entremêla soigneusement et les chargea sur les deux taureaux de transport. Ensuite, il porta Boolo Oolé sur le premier taureau et Beldo Ooré sur le second. Puis, il détacha les cent vaches et leurs petits, et accrocha son fusil autour du cou du zébu qui le transportait. Ainsi, il entama le mystérieux voyage à Feto Oolé.

Le paysage dans le Telemsi n'était constitué que de rares arbres appelés en milieu local 'diyalla', 'berra', et 'worwor', et de quelques pierres. Il n'y avait aucun point d'eau dans les alentours. Et l'on était très loin des saisons pluvieuses. Samba avait avec lui une petite cruche qui contenait un peu d'eau. Il y avait à l'intérieur de la cruche un petit silure vivant.

Quand le soleil atteignit le zénith, la servante dit à Samba :

- Samba Djem Erdi Diallo, nous avons soif.
- Attendez un peu, on va bientôt arriver à cette steppe là-bas.

Aussitôt arrivés au niveau de la steppe, Samba déversa le contenu de la cruche par terre. Soudain, l'endroit fut inondé d'eau on dirait une véritable lagune avec une végétation abondante. Des animaux se ruèrent sur l'eau pour se désaltérer. Boolo et sa servante descendirent et se mirent à boire. Ensuite, elles se baignèrent dans l'eau. Ce fut quand elles finirent de se baigner qu'elles demandèrent à Samba d'embarquer.

Ensuite, Samba saisit le silure et la remit dans la cruche. Ils se remirent en route. Samba ne buvait jamais de l'eau. Il ne buvait que du lait.

Vers le petit soir, ils arrivèrent à un petit village. Samba demanda aux dames :

- Allez chercher où dormir dans ce village. Quant à moi, je vais rester ici auprès des bestiaux. Nous ne pouvons pas dormir au même endroit, car je connais les peulhs, certaines mauvaises langues allaient dire que Samba n'a pas voulu coucher avec sa femme ici au village, mais c'est en brousse qu'ils sont partis se cacher pour le faire.

«Dans notre entendement, deux conjoints n'ont pas besoin de se cacher pour être ensemble, car ils sont unis pour toujours. Leur union n'a pas de termes, ni de permission ou de retraite. C'est une union à vie jusqu'à la mort de l'un ou de l'autre. Et, après toute séparation inévitable, chacun peut chercher un autre conjoint. Donc, nul ne doit se cacher pour être avec son conjoint.»

Quand Boolo et sa servante se dirigeaient vers le village pour aller chercher un endroit où passer la nuit, elles rencontrèrent un bout d'homme de griot qui leur demanda :

- Vous cherchez quelqu'un que vous connaissez ici ?
- Nous ne connaissons personne ici, nous cherchons seulement un endroit où passer la nuit.

Le bout d'homme de griot continua :

- Waahi ! Quel est ton nom ?
- Je m'appelle Boolo Oolé.

  Tu es vraiment très belle !
- Merci du compliment, mais tout ce je veux, c'est trouver une place où nous pouvons dormir ce soir.

-
- Notre chef de village va t'épouser si tu l'aimes.
- J'accepte si je peux trouver où dormir.
- Alors, restez là et attendez-moi, je reviens vous chercher tout de suite !

Il accourut vite chez le chef de village qui avait deux épouses et lui dit :

- Amiirou, on peut se voir

?

Le chef de village l'invita dehors pour l'entretien.

- Je t'ai trouvé une épouse digne d'un 'amiirou' comme toi. Cette dame-là que j'ai vue est vraiment l'épouse idéale d'un chef. Celui qui épouserait cette dame n'enviera plus rien au monde ! Allons-y, je vais te la montrer !

L'amiirou alla avec le nain retrouver Boolo et lui dit :

- Est-ce que tu m'aimes ?
- Oui, si je peux trouver un endroit où dormir.

L'amiirou les invita tous à la maison. Alors, il dit à ses deux épouses :

- Avez-vous fini de dîner ?
- Si. Qu'y a-t-il ? (Répliqua la première épouse)
- Allez-vous en d'ici, je ne veux plus de vous, car vous êtes affreusement laides et difformes. Vous n'êtes là uniquement que pour manger ma nourriture. Allez ! Sortez tout de suite de ma maison, espèces de vilaines créatures!

A cause d'une étrangère, femme d'autrui et qu'il connaissait à peine, amiirou venait de commettre une bêtise en expédiant ses épouses légitimes. Cet amiirou était un chef aussi pauvre que nécessiteux qui n'avait même pas de quoi s'habiller. Alors, il appela son griot complice et lui dit :

Va chez un tel et dis lui de me prêter les habits que je l'ai vu porter pendant la fête précédente, juste le temps que je m'habitue avec mes étrangères.

Ainsi, amiirou put avoir quelques habits décents à porter pour quelques jours. Il invita tout le village à accueillir sa nouvelle conquête dans sa demeure pour les cérémonies de célébration du mariage religieux. Au moment où ils allaient commencer les cérémonies, Boolo leur dit de ne pas commencer les rituels sans informer et demander l'avis de son esclave qui était avec elle et qui était là derrière le village en train de veiller sur leur troupeau. Et vite, on dépêcha quelqu'un chez Samba Djem Erdi. Ce dernier lui dit :

- Hey, toi, l'esclave ! C'est à propos de ta maîtresse qui est venue dans notre village. Notre chef de village veut l'épouser et elle nous a dit de venir demander ton avis.
- Le chef de village lui-même ?
- Oui.
- Va lui dire que je suis parfaitement d'accord !

Le mariage fut alors célébré. Tout le village était venu participer à la cérémonie. Vers le soir, la foule avait commencé à se disperser sauf les plus proches compagnons du chef, histoire de laisser le nouveau marié seul avec sa nouvelle épouse pour faire connaissance. Alors Boolo dit :

- Amiirou ! Je me demande, c'est toi qui es con ou ce sont tes administrés qui sont bêtes!

Les compagnons du chef dirent :

- Ah, c'est notre femme qui parle comme ça ?
- C'est bien moi qui parle comme ça. Vous ne m'avez jamais vue, si ce n'est ce soir. Si je vous ai dit d'aller demander l'avis de mon esclave, vous ne devez pas vous disperser ainsi sans l'appeler et faire connaissance avec lui, comme ça, vous n'allez pas le tuer si vous le rencontrez en brousse.
- Ah, vraiment, ce que tu dis est vrai ! Allez-y appeler l'esclave donc !

Deux émissaires avaient été dépêchés pour aller appeler Samba Djem Erdi. Ils lui dirent :

Eh, toi, l'esclave ! Ta maîtresse te demande de venir te présenter aux gens du village, comme tu dois repartir demain !

➢

Samba Djem Erdi se leva. Il mit ses plus beaux habits, épaula son sabre long de quatre coudées et se mit en route pour le village. Arrivé, il apostropha la foule :

➢ Salaamou aleykoum !

Tous répondirent :

➢ Aleykoumma salam !

Il s'assit à côté de Boolo et posa ses pieds sur elle. Ensuite, il ôta sa perruque et remua ses longs cheveux tressés qui tombaient sur ses épaules. Lorsque le regard d'amiirou se porta sur Samba Djem Erdi, il hurla de toute sa force et une odeur nauséabonde envahit soudain le lieu. Amiirou se mit à monologuer:

➢ Oh, voilà le mari de cette femme ! Je le savais, une si belle femme ne voyagerait jamais toute seule ! Aï-wa! Voyez-vous ce que ce bout d'homme de griot m'a fait ? Toutes mes épouses sont parties ! Voyez-vous, dans quel embarras il m'a mis!

Les propriétaires des habits que le chef avait empruntés venaient l'un après l'autre réclamer leurs habits, prétextant qu'ils allaient faire la lessive le lendemain.

Boolo et sa servante passèrent la nuit à l'intérieur de la demeure du chef. Samba Djem Erdi retourna veiller sur les bestiaux derrière le village. Amiirou passa la nuit tout seul dans la cour de sa demeure en train de compter les étoiles.

«A menti celui qui dit que la vie n'est pas douce. Il le dit tout simplement parce que lui, il n'a pas eu une vie douce. Aussi, celui qui dit que le monde est gâté, c'est parce qu'il se trouve du côté qui est gâté.»

Boolo Oolé et Samba Djem Erdi, le lendemain se mirent très tôt en route pour Feto Oolé. Quelques temps après, ils arrivèrent à Feto Oolé. Samba lui dit :

Boolo, nous sommes arrivés, c'est ici Feto Oolé. Vas voir la mare et reviens me dire tout ce que tu auras vu.

Samba fit descendre les tentes. Il alla chercher du bois pour les fixer. Il avait à peine fini de creuser les trous à l'aide de son coutelet pour fixer les tentes que Boolo était déjà de retour. Elle lui dit :

- Samba, j'ai vu quelque chose que je n'ai jamais vu de ma vie. Quand j'étais au bord de l'eau, je me voyais dans l'eau de la tête aux pieds, tellement que cette eau-là est claire et nette on dirait l'éclat du diamant ! ➢ Est-ce là un fait de hasard ?
- Wallaahi, cela n'est pas fait par hasard !
- J'ai aussi vu des hautes herbes qui ressemblent à des 'kourmi-sika'[11], mais quand je les ai approchées et touchées, j'ai su que ce n'était que du 'koundou'[12] qui a si hautement poussé.
- Tu penses que c'est par oubli ou négligence que les gens ont laissé ces herbes pousser ?
- Je ne le pense pas.
- Alors, c'est ici Feto Oolé ! Personne ne va te raconter ce qui va se passer ici. C'est toi qui iras raconter aux gens ce que tu as vu ici. Maintenant, viens t'installer à l'intérieur de la tente. Quant à moi, je vais lancer le troupeau dans la lagune. A mon retour vers le petit soir, tu me diras ceux qui vont venir après moi, car à présent les gardiens ont visiblement baissé la garde.

Samba Djem Erdi lança donc son troupeau dans la mare de Feto Oolé. Quelques temps après, il vit un loup s'approcher. L'animal se rua rapidement dans la mare et prit une bouchée d'eau. Ensuite, sans s'arrêter, il retournait en courant de toutes ses forces de peur d'être pourchassé par les gardiens de la lagune.

Un instant après le départ de Samba, un Bella[13] de passage s'approcha de la tente en marchant sur la pointe des pieds. Et, lorsqu'il mit sa tête à l'intérieur pour lorgner, il vit Boolo Oolé et s'écria :

- Billa hallazi laa ilaahou, tamat woo ihouskene[14] !
- Veux-tu un peu de 'kossom[15]'?

Le Bella demanda ce que signifiait 'kossom'. Elle lui fit comprendre que 'kossom' voulait dire 'ahak' en langue tamacheque. Il fit signe qu'il en voulait et elle lui en donna. Après avoir bu le lait, le Bella se déchaussa, prit les chaussures dans ses mains et se mit à

[11] Nom d'herbes qui poussent dans l'eau en langue songhay.
[12] Nom d'herbes qui poussent dans l'eau en langue songhay
[13] Nom que l'on donne aux nomades noirs qui vivent ensemble avec les touaregs. [14] Que cette femme est belle! [15] Lait.

➢

courir à toute allure en poussant des cris d'alerte au long de son chemin jusqu'à son arrivée au domicile du chef des touaregs. Un gros Bella, grand et fort. Ces Bellas des brousses étaient très différents de leurs congénères faisant les manœuvres dans les villes et qui se mettaient à pleurer dès qu'on leur donnait une seule gifle. Pour faire l'éloge de ces Bellas des brousses, on leur dit :

Adjida Maama,

Adjeri Maama,

Adjergaafou Maama !

Djina djou foo,

Banda djou foo!

Djam kali-kali,

Djangou-boodoro,

Hendjen ma si din naanay !

Addou□□a gouni gama,

Alaakara sika-boundou !

Nda ni nd'ey zur, nda n' hin ey,

I ga bisa ni kisaw.

Nda ni nd'ey zii, nda n' hin ey,

I ga bisa ni bonday beeri.

Nda war gurgay, n'ni zeeri, Nda

i na kan ngi jindey ga kul

I ga ni jin ka wurru.

Le Bella arriva donc chez le chef des touaregs et dit:

- Djay, Amenokal ! Billa hallazi laa ilaahou, il y a des peulhs qui se sont installé sur la lagune ! Ils m'ont même offert du lait frais que j'ai bu!

L'amenokal ordonna de ligoter le Bella. On lui lia mains et pieds. Ensuite, l'amenokal dépêcha deux jeunes touaregs pour aller vérifier ce que le Bella avait dit. Ainsi, si c'était vrai, il aurait la vie sauve. Mais, c'était faux, il serait tué, car ce qu'il venait de dire n'avait jamais eu lieu et ne pouvait avoir lieu sur leur territoire.

Les deux jeunes touaregs, tous vêtus de blanc, se rendirent donc sur le lieu. Arrivés, l'un d'entre eux baissa la tête pour examiner l'intérieur de la tente et soudain son regard croisa celui de Boolo. Aussitôt, il s'écria :

- Baati santik ! Billa hallazi laa ilaahou, taamat woo ihouskene[14] !
- Veux-tu boire du kossom[15]?
- Macin ti kosom[16]?
- Ahak[19].

Le jeune homme fit montrer à Boolo son bras et lui dit :

> Même si je bois du lait, je n'ai que faire du lait des peulhs ! Car, depuis que Dieu m'a donné cette peau-là, je ne connais comme nourriture que du lait ou de la viande !

Yataraa !

Baala biya nda Baala karaafay!

Agamma noura nda agamma saala tasaye!

Sourgou hariiyo bouyo,

Sourgou djamiiyo bouyo, Sourgou

maasita bouyo!

Koray miyaali miiyo, Adjalaali

miyaali miiyo,

---

[14] Que cette femme est belle! (en langue tamacheque)

[15] Kossom veut dire du lait en Fulfulde et aussi dans le dialecte songhay de Tombouctou. A Gao, on dit 'wa'.

[16] Que veut dire Kossom ? (On voit ici que le jeune touareg s'est adressé à la femme peulh en langue songhay, langue qui sert de communication intercommunautaire entre les différentes communautés du Nord du Mali)) [19] Lait en langue tamacheque.

➢

Takouba miyaali miiyo !

Maani-maani djaari djayban,

Tchakabomo djaari djayban,

Tookagoussou djaari djayban,

Tandabomo djaari djayban

Goustan djaari djayban

Boosi-tchenbou djaari djayban

Adarmallan djaari djayban

Kamayna djaari djayban Ngorfi-hondou

djaari djayban

Tooya farrou djaari djayban !

Les deux jeunes hommes demandèrent à Boolo :

- Où est ton mari ?
- Il est parti faire paître les bestiaux.
- Où est donc ton mari qui a fait son dernier voyage aujourd'hui ?
- Il est parti faire paître les bestiaux.
- Où est donc ton mari qui a osé faire ce que son père ne peut pas faire ?
- Il est parti faire paître les bestiaux.

➢ Où est donc ton mari qui a fait ce que seul un homme de courte vie ose faire?

➢ Il est parti faire paître les bestiaux.

➢ Si ton mari revient, dis lui qu'il était parti faire son dernier pâturage au monde, demain il sera le premier hôte du jour à l'au-delà!

Samba Djem Erdi revint du pâturage. Il demanda :

Boolo, qui était venu ici ?

Elle lui décrit un loup qui passait en courant. Samba lui dit qu'il l'avait lui aussi vu passer. Elle lui décrit le gros Bella qui était venu. Il dit qu'il l'avait repéré au loin. En fin, elle lui dit:

➢ Deux jeunes touaregs aussi étaient venus ici.

Alors, Samba dit :

➢ Boolo, cela veut dire que les touaregs sont déjà informés de notre présence ici !

Le lendemain, Samba Djem Erdi se leva tôt et fit tous ses préparatifs. Il prit sa lance qui portait un gris-gris au tour du manche. Ensuite, il partit attrouper les animaux. Puis, il revint s'asseoir à côté de Boolo. Depuis il avait épousé Boolo, il ne s'était jamais assis si près d'elle sur la même natte ensemble. Il s'assit donc à côté de Boolo et posa ses pieds sur elle. Boolo lui massait le corps de la tête à la poitrine, et Beldo Ooré lui massait des pieds à la taille.

Les deux jeunes touaregs vinrent confirmer au chef ce qu'avait dit le Bella. L'amenokal jugea inutile d'alerter tous les touaregs pour si peu. Ainsi, il demanda aux campements les plus proches qui l'entouraient de fournir deux mille hommes pour aller tuer ce peulh téméraire et de lui apporter sa femme, sa servante ainsi que son bétail.

Peu de temps après, une poussière épaisse se leva dans la brousse. Des tourterelles s'envolaient de leurs nids, apeurées par le bruit des sabots des chevaux, elles fuyaient et abandonnaient leurs petits. Beldo Ooré dit :

Boolo Oolé, si tu as voulu te marier à Samba, Dieu ne t'a pas accordé la chance d'être heureuse avec lui. Si tu veux du bonheur, Dieu ne t'a pas accordé du bonheur. Dieu ne t'a pas accordé la chance d'avoir le compagnon que tu as tant désiré avoir. Car,

- Toute cette foule qui s'approche ne vient que pour tuer Samba Djem Erdi. Samba ne pourra pas leur échapper ! Aujourd'hui finit tout service qu'une domestique peut faire pour satisfaire son maître ! Allaahou Akbar ! Mes semblables sont en entrain de jouir làbas au village auprès de leurs nobles !

Boolo pleurait. La servante aussi pleurait. Leur sanglot réveilla Samba qui ouvrit les yeux et leur demanda :

- Boolo, pourquoi pleures-tu ?
- Lèves-toi et regarde les touaregs venir !

Samba se leva et vit la foule qui avançait. Il dit à Boolo :

- Boolo, vite, apporte-moi le gris-gris qui est au tour de la lance accrochée là-bas !

Boolo se leva lourdement et approcha la lance. Dès qu'elle tira nonchalamment la lance, le gris-gris tomba et se transforma en une grosse vipère noire. Le serpent dressa aussitôt sa tête de façon très agressive et menaçait de mordre Boolo qui, d'un seul bond, se mit à l' écart et se tourna pour regarder Samba. Ce dernier lui dit d'un ton sévère et menaçant :

- Boolo, wallaahi, si tu n'attrapes pas le serpent pour l'apporter, tout de suite je vais te faire pire que ce qu'un serpent peut faire à quelqu'un ! N'est-ce pas toi qui as dit que tu ne coucheras qu'avec le mari qui vient abreuver son troupeau à Feto Oolé ? Alors, ce qui va se passer ici à Feto Oolé, personne ne te le dira, c'est toi-même qui iras le raconter aux autres !

Tout en tremblant devant la vipère qui balançait la tête en sifflant, Boolo finit par attraper le reptile par le cou et le traina jusqu'au niveau de Samba. Elle lui tendit la tête du serpent sans le lâcher.

Samba Djem Erdi saisit le serpent par la tête et lui tordit la tête. De la bouche du reptile, il tira un fusil à double canon qu'il déposa à côté. Ensuite, il distordit la tête du serpent et fit sortir de sa bouche un petit gris-gris qu'il noua entre ses cheveux. Il tordit la tête du reptile de nouveau et fit sortir de sa bouche une longue bandoulière portant plusieurs centaines de cartouches qu'il mit aussitôt autour de sa taille.

Samba prit position et s'assit à l'entrée de la tente, faisant face à la foule qui avançait vers lui. Ainsi, au moment où ils furent suffisamment à sa portée, il arma le fusil et fit feu sur eux. A chaque détonation, plusieurs personnes tombèrent de leurs montures d'un côté, et les chevaux titubèrent de l'autre côté. En fin, sous le feu nourri de Samba, seuls ceux qui avaient fui échappèrent.

Après le combat, Samba lança de nouveau les bestiaux dans la lagune de Feto Oolé.

Ceux qui avaient échappé au feu de Samba vinrent chez l'amenokal et lui dirent :

- Billa hallazi laa ilaahou, on a vu un peulh aujourd'hui! Mais, ce n'est pas un peulh qu'on a vu, c'est plutôt Satan lui-même qu'on a vu! Il a tué tout le monde! Ammoute koul!

L'amenokal ordonna de faire sortir le tambour de guerre et de le battre pour que quatre milles personnes, le lendemain, aillent chercher le peulh.

Le soir, quand Samba fut de retour du pâturage, il demanda à Boolo si quelqu'un n'était pas venu après lui. Boolo lui dit non.

Le lendemain, Samba se leva tôt, et disposa les animaux. Ensuite, il revint se coucher en posant sa tête sur Boolo. Boolo le massait de la tête à la taille. La servante lui massait des pieds à la taille.

Peu après, les quatre mille personnes se mirent en route, soulevant une poussière épaisse et paniquant les tourterelles qui fuyaient et abandonnaient leurs petits. Aussitôt, la foule approcha la tente du peulh.

La servante se mit à pleurer et dit à Boolo :

- Boolo, regarde toute cette foule venir ! Wallaahi, Dieu ne t'a pas accordé la chance d'être heureuse avec Samba. Samba n'est pas prédestiné à être ton mari, mais un compagnon de passage. Il n'y aura plus rien encore entre toi et Samba. Regarde donc toute cette foule ! Aujourd'hui finit tout service qu'une servante peut faire pour satisfaire son maître! Allaahou Akbar !

Ainsi, les deux dames se mirent à pleurer à chaude larme. Samba se réveilla et demanda :

- Boolo, pourquoi pleures-tu ?
- Lèves-toi et regarde les touaregs venir!

Quand Samba se redressa, du sang dégoulinait de ses yeux qui devinrent tous rouges. Il interpella Boolo :

- Boolo !
- Naam !
- Va m'apporter mon gris-gris.

Quand Boolo saisit le gris-gris dans sa main, celui-ci se transforma en serpent et tomba de sa main. Ensuite, le serpent se mit à menacer Boolo qui courut vite vers les bestiaux. Samba l'interpella et lui somma de s'arrêter sur place et d'attendre que le serpent vint la tuer, sinon il lui ferait pire que ce qu'un serpent pouvait faire à quelqu'un. Car, ce fut elle qui avait dit de ne coucher qu'avec le mari qui pouvait aller abreuver son troupeau à Feto Oolé. Alors, personne n'allait lui raconter ce qui allait se passer à Feto Oolé, ce serait plutôt elle-même qui allait le raconter aux autres.

Boolo s'arrêta donc et attendit le serpent venir vers elle. Ensuite, elle le saisit par le cou et le traina jusque chez Samba. Ce dernier prit le reptile et le tordit par le cou. Il fit sortir de ses entrailles un fusil à double canon qu'il mit de côté. Il distordit le reptile de nouveau, et tira de sa bouche un petit gris-gris qu'il noua dans ses cheveux à côté de l'autre. Il tordit le serpent encore et fit sortir de ses entrailles une bandoulière portant plusieurs centaines de cartouches qu'il mit autour de sa taille.

Ensuite, laissant les dames à l'intérieur, Samba sortit et se mit devant l'entrée de la tente et fit face à la foule qui venait le combattre. Chaque fois que Samba fit feu sur la foule, douze personnes tombèrent. Leurs chevaux se ruèrent vers les bestiaux de Samba et se transformèrent en bovins grossissant ainsi le nombre de son cheptel. Le combat continuait ainsi jusqu'à ce qu'il ne resta que quatre combattants. Les quatre combattants retournèrent chez l'amenokal.

Samba Djem Erdi conduisit toutes les bêtes, à savoir ses bestiaux ainsi que les chevaux qui venaient de se transformer en bovins, dans la lagune de Feto Oolé. L'eau de la mare qui était jadis très nette et limpide devint rapidement une sorte de mélange boueux qui ressemblait à la bouillie que les vendeuses de Mopti avaient l'habitude de vendre à la berge du fleuve prétextant que c'était de la crème au lait caillé.

Samba Djem Erdi avait toujours bénéficié des bons et loyaux services de son génie protecteur, Amiirou-Waala-Waala, qui était le chef des djinns. Ce jour-là, ce dernier se présenta à lui et lui dit :

- Samba Djem Erdi !
- Naam !
- Tout ce que tu as vu jusque là, était mon œuvre. Depuis le jour où je t'ai vu dans les buissons quand ton père t'avait envoyé paître ses bestiaux, je n'ai rencontré jusque là aucun obstacle à te défendre et à te protéger de toute sorte de danger d'où qu'il puisse venir, que ça soit un sacrilège venant des humains ou des sorciers, ou même de Satan! Mais, j'ai un mauvais pressentiment qui me fait peur!

«Quand on dit qu'un tel n'a pas peur, c'est parce qu'il n'a pas vu jusque là quelqu'un qui lui fait peur. Dieu n'a crée aucun être sur la terre qui n'a pas peur. Mais, Dieu a crée des êtres qui, même quand ils ont peur, ne fuient pas.»

L'amenokal devint très furieux. Il ordonna de faire sortir et de réunir devant lui toutes les femmes des trois cent campements dont il avait la charge de commander. Et que les griottes vinrent devant sa tente chanter et faire ses éloges en lui rappelant ses exploits et les événements grandioses qu'il avait eu le privilège d'accomplir ces derniers temps ainsi que ceux que ses aïeuls avaient eu l'honneur d'accomplir dans le passé. Ce fut à présent son tour d'aller affronter le peulh, car, il avait perdu tous ses hommes valides au combat.

Ainsi, on organisa une fête grandiose devant la tente du chef; les tambours battaient, le son des guitares appelées 'koubours' retentissait les airs de guerre pour émerveiller et surexciter l'amenokal. Vers le soir, il ordonna de faire sortir sa grande lance de guerre. Il avait fallu quatre personnes pour faire sortir l'énorme lance et la planter au sol. Il dit :

- Billa hallazi laa ilaahou ! Demain, je vous apporterai la tête du peulh ici, et je passerai toute la journée à faire la cour à sa femme ! Le soir, mes esclaves iront chercher la femme pour la livrer aux jeunes!

Et les griots et griottes de crier :

Yattara!

Nous sommes très fiers de toi !

Baala biya, nda Baala karaafay!

Agamma noura, nda agamma saala tasaye!

Sourgou hariiyo bouyo,

Sourgou djamiiyo bouyo, Sourgou

maasita bouyo!

Koray miyaali miiya!

Takouba miyaali miiya !

Adjalaali miyaali miiya !

Nous sommes très fiers de toi !

Handay si boori mana yadda,

Baɲɲa si kur mana yadda,

Koŋŋo si djiiri mana yadda !

Yattara-Dicko !

Maani-maani djaari djayban,

Tchakabomo djaari djayban,

Tookagoussou djaari djayban,

Tandabomo djaari djayban

Goustan djaari djayban

Boosi-tchenbou djaari djayban

Adarmallan djaari djayban

Kamayna djaari djayban Ngorfi-

hondou djaari djayban Tooya Farrou

djaari djayban !

Takoubahaou djaari djayban !

Wouragoussou djaari djari!

Warra-warra djaari djayban!

Yattara-Dicko, nous sommes très fiers de toi!

Samba Djem Erdi était en train de faire paître ses bestiaux vers le petit soir, soudain son génie protecteur, Amiirou-Waala-Waala apparut au milieu de la mare de Feto Oolé et lui dit :

- Oh, Samba Djem Erdi, m'as-tu reconnu ?
- Si, je t'ai bien reconnu.

Il lui dit :

- Depuis que ton père t'avait amené dans les buissons que je me suis engagé à te protéger contre sorciers et mauvais esprits, je n'ai jamais manqué à mon devoir de te défendre si ce n'est aujourd'hui. Car, ce targui-là qui va venir ici demain, ce sera toi ou lui ! Mais, en vérité, ce que je vois, c'est que tu ne vas pas t'en sortir ! Wallaahi, Samba Djem Erdi, toi et moi, on ne se verra plus jamais dans ce monde encore, car l'homme que je vois en train de venir ici demain, j'ai vraiment peur de lui, alors je m'en vais. Adieu, Samba!

Depuis que son génie lui avait tenu ces propos, Samba sentit tout s'anéantir dans son corps, de la tête aux pieds. Les propos l'avaient si bien paralysé que même son bâton de berger tomba de sa main sans qu'il ne s'en rende compte. Il marchait sans même voir devant lui où aller. Ainsi, il retourna du pâturage avec les animaux, abattu et anéanti. Il finit même par ne plus tenir sur ses pieds pour traire les vaches. Il se coucha alors sur le sol sous les pattes des animaux. Boolo qui l'apercevait sur le sol s'écria :

- Eh, Samba Djem Erdi !
- Naam !
- Samba, est-ce que tu vas bien?
- Je vais bien.

Samba resta sur le sol. Soudain, il hurla de toutes ses forces et l'écho de son cri retenti sur toute la lagune de Feto Oolé. Boolo et sa servante accoururent toutes les deux pour le saisir. Il tremblait et gémissait. Boolo lui dit :

- Samba, tu vas bien ?
- Ah, Boolo, si je vais bien, je n'allais pas crier comme ça ! Deux mille combattants m'ont attaqué ici, je n'ai pas crié. Ensuite, quatre mille combattants m'ont attaqué ici et je n'ai pas crié. Alors, si vous me voyez en train de crier maintenant, ce n'est pas par hasard. Boolo, le bourdaamé[17] qui viendra ici demain, ce sera lui ou moi. Et je crois que je n'échapperai pas cette fois-ci. Je n'ai aucun remords par rapport à ma mort, mais au contraire, je m'en veux pour t'avoir emmenée jusque là et t'abandonner seule dans cette brousse. Quant à moi, mon sort est scellé !

Boolo aimait beaucoup Samba et ne voulait pas le voir mourir. Et pourtant, c'était elle qui l'avait engagé dans cette bataille inutile et prétentieuse. Elle s'en voulait tellement que, tout à coup, elle se sentit toute humiliée pour avoir tenu un si orgueilleux et chimérique aveu. Désespérée, elle dit alors comme ultime solution:

- Samba Djem Erdi, partons-nous en d'ici en fuyant !
- Il n'est plus question de fuir maintenant. Le bon moment de fuir était quand nous discutions pour la première fois à propos de notre mariage dans la demeure de ton père. Quand je te demandais de parler d'un certain nombre de bovins, ou de l'or et

[17] Vocable pour designer les touaregs dans les langues locales.

l'argent plutôt que Feto Oolé. En ce moment là, il était question de fuir. Un noble doit savoir fuir à temps avant toute dernière humiliation.

Samba Djem Erdi passa ainsi la nuit dans une peur terrible. Son génie sur lequel il comptait venait de le lâcher à ce moment d'impasse.

Le lendemain, l'amenokal prit tout le temps de prendre son petit déjeuner sans s'inquiéter. Après le petit déjeuner, il monta sur son cheval et quatre personnes s'entraidèrent pour poser l'énorme lance devant lui sur la selle. Au même moment, Samba Djem Erdi poussa un cri assourdissant comme si c'était sur son dos qu'on avait téléchargé la lourde lance du touareg depuis son campement. Boolo et sa servante le saisirent de toutes leurs forces pour le retenir. Boolo lui demanda :

- Mais, Samba, tu vas bien?
- Si j'allais bien, est-ce que j'allais hurler comme ça ? Boolo, ce touareg-là qui viendra ici ce matin a un génie puissant et très redoutable que personne ne peut vaincre au monde. Mais, Boolo, prends mon coutelet et garde le avec toi, on ne sait jamais, il pourrait t'être d'une certaine utilité ! Garde ce morceau de cola aussi avec toi !

Boolo lui répondit :

- Samba Djem Erdi Diallo ! Quand je sais que je vais te perdre, que vais-je faire d'un petit couteau et d'un morceau de cola ? Donc, Aujourd'hui est le dernier jour que nous vivons ensemble. Oh, Dieu, pardonne-moi ! Car je me suis fait du tort et j'ai fait du tort à Samba Djem Erdi ! Je n'ai donc pas la chance de vivre heureuse dans mon mariage. Ainsi, Beldo Ooré, tu disais la vérité !

La servante aussi pleurait et disait :

- Allahou akbar ! Finit aujourd'hui tout service que je peux faire à un noble !

Samba Djem Erdi se leva et prit son fusil et sa munition. Ensuite, il se mit à l'entrée de la tente.

Le sourgou[18] se fit accompagner par trois 'garaassas[19]' pour aller voir comment il allait tuer le peulh afin d'ajouter cet exploit à ses autres triomphes chaque fois que les griots et griottes allaient faire ses éloges.

Depuis que le touareg s'était mit en route jusqu'à son arrivée, tout ce que Samba essayait de saisir de ses mains lui tombait par terre. Ses mains devinrent soudain inertes. Quand le sourgou s'était approché, Samba essaya de tenir le fusil, mais dès qu'il toucha la gâchette, ses mains s'engourdirent et l'arme tombait de ses mains. Samba était devenu complètement insensible. Il était resté dans cet état statique et inanimé jusqu'à ce que le touareg vint le trouver assis et immobile. Le touareg se tint debout et prit d'une seule main l'énorme lance que quatre personnes pouvaient à peine tenir. D'un geste olympien, il projeta l'arme colossale dans la tête du peulh. Le projectile transperça la chevelure touffue de Samba. La lance massive emporta Samba dans une longue trajectoire avant de choir avec lui sur le sol. Samba n'avait pas été touché par le fer de la lance qui avait seulement transpercé les grosses touffes de ses cheveux tressées. Mais, personne ne pouvait lui ôter le fer de ses cheveux si ce n'était par magie. Et sans l'aide d'un pouvoir occulte, Samba ne se relèverait jamais de l'endroit où il gisait, car la lance qui le retenait était ensorcelée.

Le touareg cria triomphalement:

- Abaati santik! Tu n'as pas encore l'âge de te battre!

Et les 'garaassas' de crier tous ensemble:

- Baati santik! Foulaano ammoute[23]!

Le touareg descendit de son cheval, s'assit à côté de Boolo et posa ses pieds sur elle en lui disant:

- Ton mari est mort! Il n'a pas atteint l'âge de se battre!

Boolo ne prêtait pas oreille à ce que le bourdaamé disait. Toute son attention était vers Samba qui gisait là sans le moindre mouvement. Quand Boolo s'approcha de son mari, elle constata, à travers ses yeux, qu'il n'était pas mort, mais ne pouvait rien faire pour se tirer de

---

[18] Autre vocable pour designer les touaregs dans les langues locales.
[19] Forgeron en langue Songhay.
[23] Le peulh est mort!

là. Alors, elle réalisa vite pourquoi Samba lui avait remis le coutelet. C'était donc pour l'aider en pareille circonstance sans autant le lui dire ouvertement. Vite, elle entra dans la case pour prendre le coutelet et revint. Ensuite, elle se mit aussitôt à couper toutes les touffes de ses cheveux qui maintenaient la lance dans sa tête.

En fin, Samba se releva et s'assit sur son séant, ensuite il remercia Dieu :

- Alhamdou Lillaahi Rabil Aalamiina ! Boolo, apporte-moi vite le morceau de cola que je t'avais remis, le touareg est mort! J'avais bien deviné son secret! Mais, si tu n'avais pas été aussi attentive, je serais mort sous le poids de sa lance. Heureusement que tu t'es vite rappelé pourquoi je t'avais donné ce coutelet magique et ce morceau de cola.

Boolo se dépêcha vite d'apporter le morceau de cola à Samba. Quand elle passa près du touareg pour entrer à l'intérieur de la tente, celui-ci l'apostropha :

- Djay! Ton mari est bien mort! Ammoute koul!

Elle ne disait mot au touareg. Elle alla chercher le cola qu'elle apporta enfin à Samba. Quand Samba croqua un bon quart du morceau de cola, le touareg se retourna et vit le peulh assis sur son séant. Soudain, il poussa un cri assourdissant et dit :

- Baati santik! Foulaano ankar[20]!

Dès que le touareg se précipita vers la sortie, Samba ouvrit le feu sur lui. Les cartouches lui fracassèrent les épaules et les os des cuisses. Les trois garaassas qui chantaient l'éloge de leur chef à côté se sauvèrent en hurlant :

- Aï -wa, yalla![21]

Samba tira ensuite le deuxième coup de feu sur le touareg.

Samba dit à Boolo :

- Boolo Oolé, le cauchemar de Feto Oolé est ainsi terminé. Plus jamais cette mare ne ferait l'objet d'aucune convoitise. Cependant, si je retourne de cette façon sans aller me présenter dans les campements autour de la mare, ils diront que le peulh qui était

[20] Le peulh est ressuscité.

[21] Interjection en langue tamacheque qui veut dire 'partons', 'allons-y', vas-t-en', ou vas-y'.

venu ici avait fui après. Donc, je dois me rendre dans ces campements pour voir ce qui se passe là-bas!

Samba monta sur son cheval et fonça vers les campements.

Les trois 'garaassas' qui avaient fui arrivèrent avant lui et dirent aux habitants :

- Billa hallazi laa ilaahou, amenokal mo ammoute! Alors, préparez vite vos affaires et yalla ! Allons-nous en de là!

Ils n'avaient même pas fini de parler qu'ils aperçurent le cheval venir au galop, et ils ajoutèrent :

- Ah, voilà le peulh, il arrive ! Aï -wa, yalla !

«Les touaregs sont des peuples nomades qui ont un mode de vie particulier qui ne leur permet pas de disposer de beaucoup d'objets encombrants, ils ont juste le minimum nécessaire qui doit être le plus transportable et moins encombrant. Ce sont les tentes appelées 'houkkoumes' faites en cuir qui leur servent toujours d'abri. Ils n'ont pas de magasins, donc pas d'objets gênants. Alors, en cas de danger ou toute autre menace, ces houkkoumes sont très exposées au péril.»

Aussitôt, tous les habitants se ruèrent sous les houkkoumes. Samba descendit du cheval et leur fit signe de sortir des houkkoumes et de venir s'assembler, il n'était pas venu pour les tuer, il avait à leur parler.

Quand tout le monde fut venu, Samba leur dit que c'était les vieilles personnes qui étaient la source de tous leurs malheurs. Il ordonna aux jeunes de tuer toutes les vieilles personnes et se marier entre eux, comme cela, ils allaient se comprendre et vivre en paix. Ensuite, il leur fit comprendre qu'il était seulement venu abreuver son troupeau à Feto Oolé. Il choisit quelques esclaves et quelques chevaux qu'il amena avec lui.

La nuit-là, la domestique chantait triomphalement la bravoure de Samba et lui massait les pieds. Elle lui dit :

Oh, digne descendant des braves héros peulhs Dicko, Diallo, Diakité, Sidibé et Sankaré!

Tu as délivré ainsi hommes et bêtes d'une soif d'eau terrifiante!

L'on se souviendra toujours de ce vent de liberté que tu as fait souffler ce jour sur Feto Oolé!

Grâce à toi, Dicko, aujourd'hui nous pouvons boire l'eau de Feto Oolé!

Grâce à toi, Dicko, aujourd'hui nous pouvons faire la vaisselle et la lessive à Feto Oolé!

Diallo, nous sommes fiers de toi!

Boolo Oolé était si heureuse qu'elle n'avait que le sourire aux lèvres. Ils retournèrent tous les trois au village.

Le jour où ils furent de retour au village, Samba fit appeler tous les griots et griottes des abords voisins et leur demanda de préparer à nouveau son mariage avec Boolo Oolé, car lui et sa femme avaient convenu de sceller leur union après leur retour de Feto Oolé. Il fit aussi comprendre aux gens que son départ à Feto Oolé dans le Telemsi était le seul gage de son mariage avec Boolo Oolé, car il lui avait donné sa parole dans la demeure de son père qu'il allait l'amener à Feto Oolé. Donc, en tant que digne et noble peulh et en vertu des valeurs morales que son père lui avait enseignées, il se devait de respecter la parole donnée.

«C'est certain que tout humain goutera à la mort, mais ce n'est pas certain que tout humain goutera à l'humiliation. La mort n'épargne personne, mais l'humiliation écarte un certain nombre de personnes. L'humiliation ne s'en prend qu'aux gens qui ne l'évitent pas.»

Le mariage de Samba Djem Erdi et de Boolo Oolé fut de nouveau célébré. Les nouveaux mariés observèrent les sept jours de noces comme l'exigeaient les coutumes et traditions du milieu. Et c'était la toute première fois que le couple s'unissait dans la même demeure sur la natte de noce. Et c'était à ce moment-là que Boolo accepta de coucher avec son mari.

C'est ici que prend fin le récit de Boolo Oolé, Feto Oolé et Samba Djem Erdi.

«Le meilleur don que l'on peut offrir à un individu est la bienveillance, sentiment de bonté à l'égard de quelqu'un. Car, l'homme n'est jamais satisfait au monde au point de ne plus rien désirer avoir encore.»

«De toutes les choses noires que Dieu a créées dans ce monde, quatre d'entre elles sont d'une noirceur inégalable : L'encre noire qui sert à écrire les soixante sourates du Saint Coran. Quand le ciel gronde et menace, il devient d'une noirceur qui donne de l'espoir au cultivateur. Le couteau qui sert à circoncire un homme afin qu'il devienne musulman est un fer noir. Le quatrième noir est dans la pupille de tout individu. C'est lui qui sert à le guider. Si ce noir est altéré, on dit toujours à l'intéressé d'aller à droite ou d'aller vers la gauche.»

«Il ne sied pas à un mendiant de dire, après avoir reçu une aumône, que celle qui a préparé le repas ne sait pas bien faire la cuisine. Un mendiant qui dit 'daala gariibou' doit prendre l'aumône qu'on lui donne, s'il le veut, et s'il n'en veut pas, il peut le laisser et partir sans mot dire. Ce n'est pas à lui de dire qu'il y a eu excès de sel ou peu de condiments.»

NOTES SUR LE CONTEUR MAHAMANE TINDIRMA

1. Qui est Mahamane Tindirma?

Dans la boucle du Niger, à la frontière entre le Mali sahélien et les dunes du sable Saharien, sur la rive gauche du fleuve, entre Tonka (sous préfecture de Goundam) et Diré, se dresse un village célèbre dans l'histoire pour avoir accueilli sur son sol des juifs chassés de la péninsule ibérique vers le VIIème siècle. Ce village s'appelle Tindirma. Fondé par les songhays bien avant l'avènement de l'islam, Tindirma est le premier et le plus ancien village, avec Arham, de toutes les villes et villages de l'actuelle région de Tombouctou. Il fut jadis la capitale provinciale de l'ouest du glorieux et très puissant empire Songhay sous lequel Tindirma avait un 'Koy' (gouverneur) appelé Tindirmakoy à l'instar de toutes les provinces de l'empire. Sous le règne de l'Askia Mohamed (Alhaji Mahamane Asikiya), on peut noter les exploits du Tindirmakoy de l'époque, Amar Kamandjaama, célèbre pour ses expéditions punitives dans l'ouest de l'empire. Il faut aussi noter que, pendant les premières ères de la colonisation, le sol de Tindirma n'avait pas pu être foulé par le colon français qui se contentait seulement d'y envoyer un émissaire local à partir de Goundam. Idem pour Arham. Aujourd'hui, le nom de ce village est lié à celui d'un homme, Mahamane Tindirma (paix à son âme !), c'est-à-dire 'Mahamane de Tindirma'.

Mahamane Tindirma ! Voilà un homme qui n'évoque pas grand-chose dans l'univers culturel d'une grande partie de la population du Mali. Pourtant ce 'causeur' sonrhaï a porté haut le flambeau de la culture de la boucle du Niger par une œuvre gigantesque dont se souviennent toujours bon nombre des 'koyraboros' ou 'issaboros', vocables désignant les populations sédentaires riveraines de la partie septentrionale du Mali.

Vous l'avez sûrement deviné, ce Mahamane Tindirma est un conteur songhay, ou sonrhaï (ou koyraboro), ou mieux encore un maître de la parole songhay, ou koyra chiini, le dialecte parlé dans la région de Tombouctou. Mais, Mahamane Tindirma n'est pourtant pas un griot ou un homme de caste comme on s'y attendait. Il est noble, son vrai nom est Mahamane Kantao.

Il est venu à la parole, nous dit-il, par la volonté de Dieu. Jeune paysan se livrant à la pêche, il ramait une nuit sur le fleuve Niger, quand il vit soudain sur la berge des silhouettes assises au tour d'un feu de bois. Grelottant de froid, il accosta et s'approcha du groupe dans l'espoir de se réchauffer un peu. Ensuite, il ne se rappelait seulement que du 'Salaamou aley koum' qu'il leur adressa. Il sombra dans l'inconscience et lorsqu'il se réveilla le lendemain matin, il était tout seul et ne pouvait plus parler. Un mois, il ne pouvait se nourrir d'aliment cuit. Il n'acceptait et ne pouvait supporter que de la poudre de céréale (bita) diluée dans du lait frais ou caillé, la langue lui étant toujours 'confisquée'. C'était donc à une assemblée de djinns qu'il s'était par méprise adressé. Mais, heureusement pour lui, ceux-ci n'étaient pas de plus méchants et finirent même par l'adopter. Car, durant tout le temps où il était sujet à cette 'maladie', il continuait à converser avec ses nouveaux amis les djinns. 'Ce sont eux qui me racontèrent tout ce que je dis aujourd'hui dans les cassettes', nous affirme- t-il. Ses nouveaux amis lui recommandèrent également de se confectionner une petite guitare monocorde appelées 'koubour' dont il allait avoir besoin plus tard. C'était un des ses oncles qui, apprenant qu'il était possédé par les djinns, vint le délivrer.

Passant pour être celui qui connait les noms de toutes les mares où résident des djinns, Mahamane Tindirma prit l'habitude de faire leur apologie au cours des danses de possession ou 'hollo-horays'. Mais la fréquentation, par trop, lui-dit-on, de ces hollo-horays' risquait de le remettre, et cette fois-ci pou toujours, entre les mains des djinns. Prenant alors peur, il abandonna cette pratique dangereuse et se mit à raconter des histoires. De son village natal Tindirma, la renommée de Mahamane Tindirma déploya bientôt des ailes. Des séances de récitals circonstancielles (mariages, baptême, circoncision), il commença à voyager, sollicité qu'il était partout dans la boucle du Niger.

Puis, les cassettes où il entreprit d'enregistrer ses histoires se multiplièrent grâce au soutien de son ami et 'producteur' Samba Afo Mahamane Galo. 'Personne ne me les a apprises, je n'ai eu ces histoires ni de mon père, ni de ma mère, elles me viennent comme ça, sous une inspiration subite', affirme-t-il. Et il ajoute : 'voyez-vous, les mystères de la vie sont innombrables et chaque homme, sur cette terre, est destiné à quelque chose qui le dépasse'.

Devrions-nous prendre ces propos comme parole d'Evangile ou y voir le désir d'envelopper un talent inné de 'parleur' par un zeste de mystère? La question de l'origine humaine ou non de ces contes, de ses contes plutôt, n'est assurément pas la plus importante. Et comme derrière tout bon conteur se cache un voleur de contes... Les fables de la Fontaine lui avaient été racontées par un conteur d'origine africaine. Les contes de Birago Diop sont des contes populaires africains.

2. L'œuvre de Mahamane Tindirma

Décédé en 1993 des suites d'une longue maladie, Mahamane Tindirma, paix à son âme, n'est plus à présenter, car, grâce à ses nombreux contes et récits bien articulés dans une langue songhay authentique et sans mélange (l'homme n'a jamais été à l'école du blanc), ce grand orateur très éloquent et grand connaisseur de l'histoire du pays est connu partout dans les communautés songhayphones du Mali, du Niger, du Sénégal, du Ghana, du Benin et ailleurs.

Ainsi, l'œuvre gigantesque de Mahamane est aussi riche que variée : en plus de nombreux contes et récits courts sur les animaux, les djinns et autres créatures, on peut noter d'intéressantes histoires et événements réels comme par exemple les histoires de Maka Booté, Féto Oolé, Hambodédjo, Djalaadjo et Boubou Ardo Galo, Faatuma Ardo, Hammadi Sina, Haaruna Diarra, Fanta Araabo, Kolikoli, Deera, Hammadi Mosor, Teera Hamma Kaasi, Alhaji Seeku Oumar Tijaani, Oumar Well de Bandiagara, Djibo, l'histoire de la Dina de Sékou Aamadou Hammadi Buubu de Hamdallaahi, la bataille de Tooya Farrou près de Tombouctou, le récit du fameux pèlerinage d'Askia Mohamed et tant d'autres.

La plupart de ces récits sont en réalité des histoires 'croyables' puisque ce sont des événements contemporains situés dans le temps et l'espace, connus et vécus de bon nombre de la population locale. Ces récits ont été pour la plupart écrits et conservés en langue arabe dans des manuscrits des marabouts et lettrés de la place. Mais, d'autres récits ont survécu grâce à la tradition orale entretenue et perpétuée par des grandes familles de griots issues de diverses sociétés africaines. Il faut aussi noter le rôle de la musique traditionnelle africaine comme grand réservoir et 'mémorialiste' des récits et grands événements du passé. Ainsi, pour citer un seul exemple parmi tant d'autres, on peut noter la chanson 'Sassila bama' chantée par le célèbre griot malien Abdoulaye Diabaté, qui est un récit qui relate l'exploit héroïque d'un chasseur Zankè qui, venu de Niamina, délivra les habitants de Sassila de l'anthropophagie d'un homme-caïman. La chanson 'Tamala' évoque les noms des souverains songhays et leurs exploits. Le récit de Bakary Djan et de Bilisi est connu grâce au talent des musiciens et chanteurs.

Cependant, ce qui indubitablement constitue le chef-d'œuvre de Mahamane Tindirma ce sont ses 'histoires de djinns' dans lesquelles il parle ou plutôt innove un langage inédit et méconnu des humains, la 'langue des djinns', dit-il, un vocabulaire impressionnant qui ne tient d'aucune de nos langues ou dialectes de la place, comme :

Beyti n'togo, beyti n'kuuri n'togo ! Beyti

n'togo, beyti n'deera n'togo !

beyti n'togo, beyti n'kelimaatiyan n'togo !

Ou encore :

Souti saafirinte goungo loysouroungou moomadiyon n'fanaa !

Ses contes et récits constituent à la fois une école et une grande bibliothèque. Les auditeurs de Mahamane Adjendjina ont beaucoup appris de lui et continuent d'apprendre en l'écoutant. Car, Mahamane ne fait pas que les égayer par son humour et son art de parler avec un euphémisme remarquable, ou ses propos de «paroles de djinn». Il contribue aussi à l'éducation et à l'instruction de son audience par ses conseils très pratiques, la pertinence des proverbes et adages populaires, exprimés dans un langage accessible à travers les traits caractéristiques de ses personnages de contes, ou d'histoire et événements réels du passé. Cet héritage culturel et linguistiquement très riche qu'il nous a légué mérite donc d'être préservé et conservé comme patrimoine culturel national.

Dr Ibrahima ABDOULAYE, Enseignant-Chercheur au DER-Anglais, FLSL/ULSHB.

Printed by Books on Demand GmbH, Norderstedt / Germany